LEAN STARTUP

Guía esencial para iniciar tu startup lean y cómo empezar paso a paso

Harry Altman

© Copyright 2017 Harry Altman - Todos los derechos reservados.

Si quisieras compartir este libro con otra persona, por favor compra una copia adicional para cada receptor. Gracias por respetar el arduo trabajo de este autor. De lo contrario, la transmisión, duplicación o reproducción de la siguiente obra, incluyendo información específica, se considerará un acto ilegal, independientemente de si se realiza electrónicamente o por impreso. Esto se extiende a crear una copia secundaria o terciara de la obra o una copia grabada, y sólo se permite bajo consentimiento expreso por escrito de parte del Publicador. Todo derecho adicional reservado.

TABLA DE CONTENIDO

INTRODUCCIÓN 5

CAPÍTULO 1 8

MÉTODOS DE LEAN STARTUPS Y EMPRESAS PEQUEÑAS 8

CAPÍTULO 2 14

ESCOGIENDO EL TIPO CORRECTO DE LEAN STARTUP 14

CAPÍTULO 3 21

INICIAR Y HACER CRECER UNA EMPRESA 21

CAPÍTULO 4 32

GESTIÓN DE OPERACIONES EN COMPAÑÍAS STARTUP 32

CAPÍTULO 5 42

RESOLUCIÓN DE LOS RETOS EMPRESARIALES CON UN ENFOQUE LEAN 42

CAPÍTULO 6 52

EL EMPRENDEDOR FRUGAL 52

CAPÍTULO 7 56

UN PELDAÑO IMPORTANTE PARA UNA LEAN STARTUP 56

CAPÍTULO 8 61

LEAN SIX SIGMA REDUCE LOS COSTOS PARA EMPRESAS STARTUP 61

CAPÍTULO 9 74

MARKETING DE NICHO EN EMPRESAS STARTUPS 74

CAPÍTULO 10 81

VOLVERSE UN EMPRENDEDOR 81

CONCLUSIÓN 84

INTRODUCCIÓN

La visión de Lean Startup presenta una metodología para crear un producto de tecnología. En resumen, una Lean Startup es una empresa de tecnología emergente que combina la metodología de desarrollo para el cliente y una metodología de desarrollo ágil de software.

Un aspecto clave para cualquier startup es definir el problema que intenta resolver. El Desarrollo para el Cliente aboga por un equipo multifuncional que trabaje intensivamente con los clientes y defina y adopte continuamente la hipótesis del problema.

El enfoque sistemático de un desarrollo para el cliente produce una serie de hipótesis no validadas para el problema. En cada iteración, el equipo adapta una parte de la hipótesis que incluye, entre otras cosas, segmentos del cliente, conjunto de características, y posicionamiento. Cada cambio se basa en las lecciones aprendidas en la validación de la hipótesis del problema previo.

El punto central es el cambio incremental de la hipótesis del problema. Basándose en el feedback continuo de los primeros en adoptarla, este punto representa el cambio mínimo necesario para abordar las barreras de la hipótesis.

La visión de la startup asegura una dirección coherente a pesar de los cambios incrementales al concepto del producto. En la ausencia de una visión fuerte, los cambios incrementales pueden llevar el concepto del producto a una dirección aleatoria.

Decidir qué enviar y cuándo enviarlo a los clientes es una parte fundamental para cualquier empresa. Debido a los recursos bastante limitados, las startups se ven forzadas a encontrar el mínimo conjunto de características requeridas para conectar con sus seguidores tempranos.

A pesar del limitado conjunto de características, el cliente de hecho podría estar feliz con las características entregadas. Los clientes visionarios son bastante indulgentes puesto que no sólo compran el producto actual sino la visión de la startup.

Además, la visión del equipo de las características requeridas podría no estar exactamente acorde con las necesidades del cliente. En el peor de los casos los clientes darán su opinión acerca de qué características faltan para brindarles una propuesta de valor.

Al enfocarse en el mínimo producto viable, las startups evitan el error de crear un producto que nadie quiere. Al comprometerse con el segmento objetivo en la fase temprana, la metodología del Desarrollo para el Cliente brinda más consejo para crear un producto para unos pocos clientes comprometidos en lugar de intentar crear un producto para todos desde el inicio.

CAPÍTULO 1

MÉTODOS DE LEAN STARTUPS Y EMPRESAS PEQUEÑAS

La trayectoria tradicional de la idea, organizar un equipo, crear un producto, comercializar el producto y venderlo ha probado ser una receta para el fracaso en el ambiente empresarial competitivo y acelerado de hoy en día.

Grandes y costosos errores se cometen en el incierto proceso de introducción de estos nuevos productos. La gran idea no es validada en el mercado, los comportamientos comerciales, necesidades y deseos a menudo son mal juzgados y lo que podría haberse vuelto propuesta empresarial atractiva se vuelve una masacre en el camino al éxito de la startup.

En 2008 las startups de tecnología en los EEUU usaron los procesos de lean startup resaltados por Eric Reis, Steve Blank y Alexander Osterwalder. Es un sistema que valora la experimentación antes que la planificación, el feedback del mercado en lugar de la intuición y el enfoque iterativo para el desarrollo del producto en lugar de la creencia de que si se completa los clientes llegarán.

El lienzo lean en constante cambio ha reemplazado al plan empresarial establecido. En lugar de asumir que el modelo empresarial imaginado funcionará, el sistema lean busca un modelo empresarial que funcione en base la evidencia real.

Se dice que los planes empresariales raramente sobreviven al primer contacto con los clientes. A menudo no se comportan del modo en que piensas que lo harán. Los propietarios de pequeñas empresas pueden aprovechar los principios de lean startup y los procesos usado por emprendedores en tecnología para crear y entregar productos geniales a miles o millones de clientes de manera rápida y asequible.

Aquí hay 3 maneras en que puedes aprovechar los principios de startup lean para mejorar tu pequeña empresa desde ya:

1.   Validar las suposiciones para mitigar el riesgo

La diferencia principal entre las antiguas rutas establecidas para el éxito empresarial y el lean startup es que el emprendedor de lean startup primero se pregunta "¿Esta idea debería ser llevada al mercado?" en lugar de "¿Cómo creo mi producto?" Escribe todas las suposiciones que tengas de tu idea y de cómo responderá el mercado ante tu idea. Incluye lo que pienses que costará desarrollar tu producto, a quién va a beneficiar más, cómo crearás consciencia de tu gran idea y cómo la venderás. Luego piensa en pequeños experimentos para probar tu idea.

2. Háblale a tu mercado

Una de las mayores razones por las que los propietarios de empresas pasan un mal rato es que ven a su empresa y a su producto desde su propia perspectiva. El problema con esa estrategia es que el mercado no piensa en tu empresa y en tu producto del modo en que tú lo haces. Tienen sus propias opiniones, su propia perspectiva. Para averiguar específicamente qué piensa tu mercado de tu compañía y de lo que tienes para ofrecer tendrás que hablar con ellos.

Google no tiene las respuestas. Tienes que salir del escritorio e ir a los lugares en los que puedes encontrar personas de tu mercado. Podrías encontrar grupos de ellos en reuniones. Podrían estar comprando en el centro comercial. Piensa en lo que tienen en común y los tipos de lugares y eventos que frecuentan y lleva tu trasero para allá.

Haz preguntas abiertas acerca de los problemas relevantes que tengan, lo que les molesta, lo que les causa el dolor más grande en su vida diaria o en su trabajo. Busca aprender. Aprende mucho para entender totalmente su perspectiva del impacto del problema, la diferencia que haría tener una solución y lo que funciona y lo que no funciona con las cosas que están usando en este momento para intentar resolver el problema. No vendas. Simplemente aprende tanto como puedas.

3. Empieza con un producto viable mínimo

En lugar de invertir mucho tiempo, energía y dinero en desarrollar totalmente tu producto, simplemente crea la versión más pequeña y sencilla de él para probar y ver si vas en la dirección correcta. Analiza el feedback que recibes en tus charlas iniciales con las personas de tu mercado. Identifica lo más importante que tu producto debe hacer para brindar el beneficio que tu mercado está buscando activamente.

La repetición del desarrollo continuado del producto en base al suministro constante de feedback por parte del cliente es lo que te llevará al santo grial de lo que se conoce como el ajuste producto/mercado. Lo esto significa es que tienes un producto que sabes que tus clientes querrán y comprarán a un precio rentable en lugar de esperar que lo hagan. Usar la planificación y los procesos de desarrollo de lean startup tech en el desarrollo de pequeñas empresas no relacionadas con el ámbito de la tecnología, asegura que los riesgos sean mitigados, paralelamente los errores costosos se evitan y asegura que la empresa tenga la flexibilidad y agilidad que necesita para crecer en el acelerado y cambiante mercado competitivo.

CAPÍTULO 2

ESCOGIENDO EL TIPO CORRECTO DE LEAN STARTUP

¿Por qué tantos emprendedores fallan la primera vez? ¡Una razón es que intentan irse a lo GRANDE! Intentan crear el próximo Facebook o Groupon. Estos emprendedores crean empresas tan complejas que apenas pueden explicarla.

En este capítulo voy a alegar que los emprendedores nuevos y los emprendedores seriales sin éxito tienen aspirar a iniciar empresas de productos digitales o servicios.

¿Cuál es la meta principal del emprendimiento? Bueno, hay una miríada de razones por las que las personas inician empresas pero en sí el emprendimiento consiste en HACER DINERO. Por lo tanto, los emprendedores tienen que buscar la manera más sencilla de hacer dinero (al menos inicialmente). Muchos emprendedores se quedan atascados en los detalles.

Los emprendedores nuevos dirán: "No estoy haciendo ventas porque mi sitio web es feo, No tengo suficientes fans de Facebook," etc.

El problema de obsesionarse con los detalles es que pasas meses y meses enfocado en las cosas equivocadas. Tienes que obsesionarte con el cliente y en la manera en que vas a vender.

¿Cómo llegarás al cliente, etc? Establece una meta de ventas mensual.

Como emprendedor, no hay nada mejor que controlar la creación del producto y las ventas de tu producto. Estás en control total de tu propio destino. Es tu responsabilidad si la empresa tiene éxito o si falla.

Sí, sí, requiere MUCHÍSIMO trabajo al inicio pero ya que aprendiste a crear y vender tu producto, puedes empezar a contribuir. Asegúrate de documentar TODOS TUS PROCESOS.

Antes de contratar a alguien, tienes que conocer los procesos de arriba abajo. También tienes que tener manuales de operación detallados a mano para el empleado nuevos desde el día uno. No deberías entrenar al empleado nuevo personalmente. El manual debería entrenar al empleado nuevo.

Como emprendedor, tienes una responsabilidad con tu familia de generar flujo de dinero primero. Deja tu ego atrás.

Sí, sé que quieres estar en Forbes pero antes de que eso suceda, tienes que crear una empresa para pagar facturas. Las empresas de productos digitales y servicio B2B te ayudarán a entrar al mundo del emprendimiento.

Una vez que tengas éxito creando tu empresa o tu lean startup, podrás ir luego a por el home run. Hasta entonces, sigue enfocado en las empresas que generen dinero rápido.

PREGUNTAS QUE RECOMENDAMOS QUE SE HAGAN EN CUALQUIER STARTUP

Fundar una Startup es uno de los aspectos más difíciles de iniciar una empresa nueva.

Cuando se trata de eso, tienes que navegar en firmas de capital de riesgo, inversores de proximidad, y valorar si el capital vale la pérdida del control de tu propia compañía.

Muchas startups fracasan en las etapas tempranas de la empresa porque estaban mal fundadas en las etapas de desarrollo. Otras fracasan poco después del lanzamiento a pesar de que tengan un producto increíble, pero se quedan sin fondos para comercializar la compañía y ganan la masa crítica necesaria para sostener las operaciones.

Esto es algo doloroso de oír ya que hay soluciones sencillas para obtener Financiamiento para la Startup y Crédito Empresarial para ayudar a transformar tu Startup en una Grownup.

Tenemos 3 preguntas que recomendamos que se hagan en cualquier Startup antes de buscar financiamiento de fuentes externas.

1) ¿Cuánto dinero necesitas en verdad para hacer que tu startup despegue? No hay duda de que seguramente sacudirás tu cabeza ante lo absurdo de esta pregunta, sin embargo, te

sorprendería lo que averiguarás de tu empresa cuando veas cuán verdaderamente lean puede ser tu empresa al inicio. Muchas compañías creen que necesitan una gran fachada, muebles de gama alta, y un personal entero el día en que abran las puertas de su empresa. Esta es una meta de 5 años para la mayoría, pero al inicio, puede que seas capaz de hacer lo que hizo Apple y empezar con una idea y un puñado de empelados talentosos.

2) ¿Deseas volverte un empleado de tu propia compañía? Esto podría sonar como una pregunta extraña pero cuando decides trabajar con una firma de Capital de Riesgo, en muchos casos, serás responsable ante los inversores de maneras que podrías no haber anticipado originalmente. Hay historias desde Silicon Valley hasta Dubai de que todo empieza con un emprendedor entusiasta y termina con un "propietario-empleado" quemado que se ve forzado a llevar a su startup a una nueva dirección debido a la influencia de sus inversores. Tengan cuidado emprendedores.

3) ¿Qué pasará en los primeros 90 días de obtener el financiamiento que necesitas? Hay compañías que tienen una

garantía de financiamiento mínima de $50.000 que asegura que empresas calificadas tengan acceso al financiamiento que necesitan: sin embargo, es increíblemente importante que tengas una visión clara de tus prioridades luego de ser financiado.

Suena muy sencillo pero muchas veces las compañías son financiadas sin una lista de prioridad de las necesidades, y luego de obtener financiamiento más que suficiente, se encuentran sin los fundamentos que deberían haber procurado desde el primer día.

CAPÍTULO 3

INICIAR Y HACER CRECER UNA EMPRESA

Iniciar una empresa puede ser lo mejor que te haya pasado. Sin embargo, como cualquier otra cosa en la vida, también puede ser un desastre. Tanto las empresas nuevas como las ya establecidas fracasan todos los días por razones que van desde la mala gestión hasta el cambio de las condiciones del mercado.

A pesar de que es imposible predecir de manera precisa el éxito o el fracaso de cualquier compañía individual, hay cosas que puedes hacer para maximizar tus oportunidades de éxito. Recolectados a partir de una variedad de fuentes, a continuación se presentan consejos para iniciar y hacer crecer tu empresa a lo largo de una variedad de campos.

1. La idea

Toda empresa exitosa inicia con una gran idea. Quizás ya sabes exactamente lo que quieres hacer. O quizás sólo tienes una vaga noción del área general que te gustaría abordar.

Si necesitas inspiración, ahonda más en tu interior. ¿Qué amas? ¿Qué te motiva y te emociona genuinamente? ¿De qué sabes mucho?

A menudo las personas inician una empresa por razones que tienen poco o nada que ver con la pasión por una idea. Creen que se volverán ricos. Creen que no tendrán que responder ante nadie más.

Creen que tendrán más tiempo libre. Mientras que estos factores y muchos otros pueden jugar un papel en tu decisión de empezar una empresa, no deberían ser tu motivación principal.

Cuando los tiempos son difíciles, los negocios se vuelvan complejos y estés al borde del desastre financiero, es el verdadero amor por tu idea y tus compañías lo que te ayudará a encontrar la voluntad para perseverar.

Una gran idea para una empresa no necesariamente es un producto o servicio nuevo. A menudo, es un giro único de una idea ya existente.

Piensa en lo que quieres ofrecer, y luego piensa en cómo hacerlo distinto a la competencia.

Este proceso requerirá de investigación de mercado, determinar lo que ya está disponible y qué características adicionales sienten que son importantes. Planea pasar algo de tiempo en esta fase del desarrollo de la idea.

2. La preparación

Una vez que hayas identificado un producto o servicio que se pueda vender y hayas llevado el enfoque a un nivel práctico, es tiempo de que empieces con los preparativos. Muchas personas están llenas de ideas de emprendimiento, pero nunca logran pasar de la fase de preparación para iniciar una empresa. Aquí está lo que puedes hacer para pasar exitosamente por esta etapa.

a. Haz un plan empresarial: A pesar de que esto puede ser una experiencia frustrante, es una etapa totalmente esencial del proceso de preparación. Si planeas hacer dinero, un plan empresarial detallado es un requisito. Incluso si tu empresa es auto-fundada, sin embargo, un plan empresarial bien hecho te servirá de guía para basar tus decisiones actuales y a futuro en la compañía. Descarga una plantilla de plan empresarial y marca tu camino en los pasos. Se puede encontrar ayuda gratis para escribir un plan empresarial en internet. De ser necesario, puedes contratar profesionales para ayudarte con el proceso, a pesar de que estos consultores pueden cobrar caro.

Discute tu idea con otros: Considera unirte a un grupo de comercio. Contacta a tu consejo local de empresas pequeñas. Habla con algunos emprendedores exitosos que conozcas. Discute también tu idea con clientes potenciales. La meta es solicitar feedback valioso que pueda ayudarte a refinar tu idea y volverá algo práctico que cumpla con las expectativas y necesidades del cliente.

Prueba el mercado: Si vas a hacer debutar un producto, inicia una prueba a pequeña escala de los ítems que vendes en un mercado artesanal o evento. Pide a los clientes que llenen una encuesta corta que incluya ítems tales como calidad, precio y servicio al cliente. Pide su opinion también al hacer preguntas abiertas tales como "¿qué podríamos hacer para mejorar?"

3. El financiamiento

Muchas empresas pequeñas fracasan debido a problemas financieros. Es fácil sobreestimar el dinero que será hecho en ventas mientras que se subestima el costo de la startup. Si has escrito un plan empresarial detallado, tendrás una proyección financiera precisa. Sin embargo, es crítico asegurar que tu financiamiento inicial sea suficiente y confiable, o podrías no llegar al punto de un pronóstico financiero.

La mayoría de los bancos son reacios a prestar dinero a empresas startup con poco o ningún colateral. Por lo tanto, muchos propietarios de empresas recurren a fuentes alternativas de financiamiento.

Intenta brindar tanto de tu propio financiamiento como sea posible. Las tarjetas de crédito son opciones riesgosas puesto que las altas tasas de interés absorben mucho del capital necesario del presupuesto de tu compañía, extendiendo el tiempo que se requiere para que la empresa se vuelva rentable.

Algunos emprendedores eligen usar hipotecas secundarias y líneas de crédito de capital de viviendas, pero esto no debería hacersc si estás seguro de tu éxito. El incumplimiento del pago de un préstamo que esté ligado a tu vivienda puede resultar en la pérdida de tu hogar si la empresa fracasa.

Es mucho menos riesgoso usar dinero libre. Invierte tus propios ahorros.

Vende acciones de la compañía a amigos confiables y a familiares. Busca un padrino inversor o capitalista de riesgo que desee invertir en tu idea.

Ten cuidado sin embargo de no vender el control de tu compañía inadvertidamente. Haz que un abogado revise los contratos siempre y asegúrate de entender cómo están protegidos tus intereses personales y empresariales.

4.   Promoción

No es bueno abrir las puertas de tu empresa si el público no está consciente de que existe. El marketing y la publicidad son extremadamente complicados y pueden ser de alto costo para los propietarios de empresas nuevas. Por lo tanto, debes pensar creativamente para desarrollar tus propios medios de auto-promoción de bajo costo.

Nunca dejes la casa sin unas cuantas tarjetas de presentación y una muestra de tu trabajo. Nunca sabes cuándo conocerás a un cliente potencial.

Se debe caminar por una delgada línea cuando se auto-promociona, así que ten cuidado de no aburrir a la gente por hablar demasiado. Sin embargo, puedes mantener tus ojos y oídos alerta y comentar acerca de tu empresa cuando sea apropiado..

Considera también invertir en carteles magnéticos para tu vehículo. Este es un método barato para promocionar el nombre de tu compañía ante el público general. Asegúrate de que los carteles digan claramente el nombre de tu compañía, su número telefónico y la dirección del sitio web.

Asegúrate también de que esté claro lo que tu compañía hace, especialmente si el nombre de la empresa no es descriptivo.

5. Crea un sitio web: en la era del internet de hoy en día, los compradores sacar información básica de internet antes de tomar la decisión de comprar. Tu sito no tiene que ser complicado o elaborado, pero deberías dar información básica acerca de tu compañía y de tu producto, así como de tu información de contacto.

Una fachada segura en línea es un poco más difícil de crear pero puede generar una nueva corriente de ingresos.

6. Controlar el Crecimiento: Raramente el crecimiento de las compañías sucede de una manera lenta y predecible. Es más probable que tu compañía experimente momentos de expansión rápida intercalados con períodos de descenso y pérdidas para la empresa. Prepárate para las fluctuaciones aprendiendo a predecir en qué momento es probable que sucedan. Investiga tu área para estar delante de los cambios ocasionales. Continúa con el pronóstico de la industria para ayudar a predecir las fluctuaciones provocadas por el mercado.

Mantén un plan de alto alcance para ayudar a contener el crecimiento durante períodos de auge extremo.

Es fácil salirse de control para una compañía durante una fase de expansión al expandirse en direcciones que no coinciden con las metas y objetivos reales de la compañía.

También es importante desarrollar una estrategia a largo plazo para lidiar con las recesiones. Es común que los propietarios de empresas sin experiencia caigan en pánico y lleguen a los extremos para intentar arreglar las cosas.

Permanece enfocado en tu metas y evita recortar los precios drásticamente o expandirte a un territorio que no coincide con tus objetivos. Considera maneras de hacer que tu compañía sea más visible y añade valor a tu producto o servicio en lugar de bajar tus precios.

Iniciar una empresa ex extremadamente difícil pero bastante satisfactorio al final. Nunca hay garantías de éxito o fracaso en una empresa.

Sin embargo, permanecer positivo, seguir un plan claro y aprender a vadear los cambios puede ayudarte a aumentar tus posibilidades de éxito.

CAPÍTULO 4

GESTIÓN DE OPERACIONES EN COMPAÑÍAS STARTUP

¿Cuál es el producto? ¿Hay mercado? ¿De dónde viene el financiamiento original? ¿Cuán experimentado es el equipo de desarrollo? Estas son algunas de las primeras preguntas que los inversores y prestamistas quieren que se respondan primero cuando se investiga una compañía startup, y con buenas razones.

El plan empresarial aborda típicamente estas y otras preguntas relacionadas con algo de detalle, pero, ¿Qué hay del Plan de Operaciones? Si las operaciones apenas se mencionan, es probable que los detalles sean lo más superficiales posible.

¿La Gestión de Operaciones juega un papel en la startup? Y de ser así, ¿Cuál es su papel? Mientras nos adentramos en el rol de la Gestión de Operaciones en la startup, tenemos que abordar los roles y responsabilidades de los dos jugadores clave; el emprendedor y el profesional en gestión de operaciones.

Primero tenemos que entender la verdad de que las Operaciones podrían no jugar un rol importante o significativo en una startup. Depende del tipo de producto o servicio que la compañía esté produciendo y de la etapa de desarrollo en la que esté la compañía.

Pero una vez más, las Operaciones podrían jugar un papel vital, y cuando es así, los profesionales en gestión de operaciones tienen que estar preparado.

Aquí es donde entran los emprendedores o propietarios. Es responsabilidad del emprendedor entender lo que necesita la organización en cualquier momento dado y las habilidades y experiencia que se requieren en diferentes etapas del desarrollo.

Los emprendedores a menudo son expertos en sus campos y tienden a ser "personas de ideas" creativas que ven la totalidad del panorama y pueden visualizar el futuro de la empresa. Muchos emprendedores luchan con los detalles del día a día de tener una empresa, y muchos no tienen educación o experiencia formal en gestión de operaciones.

Estos emprendedores tienen que entender las habilidades que los profesionales de la gestión de operaciones tienen y dónde y cómo encajan en la organización de la startup (y cuándo).

Es responsabilidad del profesional en gestión de operaciones, quien tiene conocimiento de los detalles, adaptar sus habilidades y conocimiento al ambiente emprendedor y desarrollar los sistemas y operaciones diarias que ayudarán a guiar a la organización al éxito a largo plazo.

Hay diferencias significativas entre una organización madura y establecida y una compañía startup, y muchos profesionales en gestión de operaciones podrían no tener las habilidades y experiencia requeridas para ayudar a llevar a la startup a su camino al éxito.

Si has pasado tu carrera trabajando en organizaciones grandes, bien establecidas y burocráticas, podrías estar mal preparado para la vida en una organización de emprendimiento.

La velocidad a la cual pueden tomarse las decisiones y hacerse cambios en la dirección en una pequeña compañía o startup puede ser alucinante para los que están acostumbrados a la burocracia.

El análisis detallado y la planificación detallada son lujos que pocos emprendedores o directores de startup pueden permitirse. La experiencia, los presentimientos y los cálculos generales a menudo rigen el día.

Los profesionales en gestión de operaciones tienen que ser capaces de adaptarse a este ambiente y tener la confianza para actuar sin el detalle y el apoyo a los que están acostumbrados.

En cuanto a los emprendedores, ¿cómo determinas cuándo deberías considerar un papel más grande para las Operaciones, y cómo te parece lo de desarrollar un Plan de Operaciones? Bueno, lo primero que debe hacerse es entender de lo que estamos hablando cuando nos referimos a las Operaciones y a la Gestión de Operaciones.

En resumen, la Gestión de Operaciones aborda los procesos y procedimientos que una organización usa para producir su producto o brindar su servicio. La calidad y el servicio al cliente son componentes importantes que caen bajo el campo de las operaciones.

Para que la organización sea exitosa, las Operaciones deben tener lazos bien integrados con el resto de las áreas funcionales, incluyendo la planificación estratégica, el marketing y las ventas, y la contabilidad y finanzas.

Debe haber una integración formal incluso si todas estas funciones recaen en pocas personas.

Tienes que tener un producto o servicio viable, necesitas una buena estrategia de marketing, necesitas fondos, y tienes que ser capaz de entregar el producto o servicio.

Puedes tener un producto maravilloso, una flujo continuo de nuevos productos, una campaña de marketing emocionante, y mucho dinero, pero si no puedes satisfacer a tus clientes al entregar el producto o servicio con la mayor calidad, con el mayor nivel de servicio, fracasarás. Entregar el producto o servicio es ámbito de las Operaciones.

El papel de las Operaciones variará, por supuesto, dependiendo de la naturaleza de la empresa y la etapa en la que está la firma. Una compañía de desarrollo de software en las etapas iniciales de la escritura de un código no necesitará prestar mucha atención a las Operaciones. La firma que está en la etapa de I&D de integrar ese software en componentes para los fabricantes del equipo original necesita una estrategia de operaciones bien desarrollada.

El fabricante de dispositivos que está en la etapa de cambio entre I&D y la fabricación del prototipo para la producción completa debe tener un plan de operaciones bien detallado y bien desarrollado si espera competir en el mercado global actual.

El fabricante de dispositivos debería tener una estrategia de operaciones y un plan desde el día uno puesto que las operaciones son un componente muy importante para su éxito futuro. Incluso si se requieren varios años para llegar al modo de producción total, deberías empezar a desarrollar tus plan de operaciones en las etapas tempranas de la compañía.

Tendrás una ventaja sobre cualquier competencia si desarrollaste tu plan y estrategia de operaciones mientras crecías, en lugar de esperar a estar listo para aumentar la producción. Si esperas, ya puede que sea muy tarde.

ALGUNOS ELEMENTOS A BUSCAR EN EL PLAN DE OPERACIONES:

- Estrategia de abastecimiento- incluyendo los criterios de selección del vendedor y las evaluaciones del proveedor

- Sistema de Calidad- ¿Cómo serán monitoreados y controlados los procesos? ¿Cómo se asignará y distribuirá la autoridad y la responsabilidad por la calidad en toda la organización? ¿Qué resultados se esperan?

- Gestión de Producción e Inventario (aplica a productos y servicios)- ¿Dónde vas a encontrar al cliente?¿Vas a producir por pedido o vas a producir para almacenar o qué? ¿Cuál es la metodología de producción y de control de producción? ¿Cuáles son los flujos de información y materiales?

- Logística y entrega- ¿los servicios de almacenamiento y entrega son realizados dentro de la empresa o son de fuentes externas? ¿Cuáles son los canales de entrega?

- Servicio al cliente- ¿cuánta autoridad se le dará al personal de servicio al cliente? ¿Habrá un personal dedicado al servicio al cliente o será responsabilidad de operaciones, de ventas y marketing, o de quién? ¿Cuáles son las expectativas para la satisfacción del cliente?

- Integración- ¿Cómo serán integradas las operaciones con las otras áreas de organización?

Una operación es un componente vital para cualquier organización. El papel y las responsabilidades de

Operaciones variarán dependiendo de la organización, de la industria, y de la etapa por la que pase la organización, pero la importancia no.

Toda organización, fabricante de productos o proveedor de servicios, con o sin fines de lucro, gubernamental o privada, debe producir y entregar efectivamente su producto o servicio para satisfacer a sus clientes e inversores.

Las Operaciones juegan un papel clave en toda empresa y se les debería dar el empeño que se requiere para asegurar el éxito.

Todo plan empresarial debería incluir un Plan de Operaciones bien detallado y desarrollado, y todo propietario debería entender el papel de las Operaciones en su organización.

CAPÍTULO 5

RESOLUCIÓN DE LOS RETOS EMPRESARIALES CON UN ENFOQUE LEAN

Adoptar técnicas Lean para resolver problemas en entornos empresariales es difícil para casi cualquier organización. La transformación en una organización Lean requiere de cambios culturales significativos.

Pienso que el cambio sería similar a mudarse a un nuevo país y tener que aprender nuevas costumbres y un nuevo idioma. Tienes que aprender a actuar de nuevas maneras y a pensar diferente.

El cambio involucra la adopción de nuevas maneras de encontrar soluciones a problemas, implementar las soluciones y mantener las soluciones. Muchos de ustedes podrían conocer esto como el ciclo Plan, Do, Study, Act o PDSA (las siglas significan: Planear, Hacer, Estudiar, Actuar).

Por ejemplo, veamos las técnicas para resolver problemas en el área de cuidado de la salud.

Una actitud que tiene que adoptarse es la actitud de "mejora continua de la calidad". Si adoptas esta actitud entonces crees que los procesos y resultados en tu lugar pueden ser mejores. Es similar a la idea de que siempre puedes hacer más para mejorar tu salud personal.

A menudo los doctores y gerentes piensan que la manera en que las cosas funcionan están bien y que su sitio es bastante eficiente. Luego están aquellos que piensan que los resultados podrían ser mejores pero sólo se concentran en resultados clínicos y aquellos involucrado en procesos clínicos.

Los practicantes de Lean entienden que todo el mundo en todos los procesos de un lugar son personal clínico interconectado y administrativo y siempre hay espacio para la mejora.

Otro cambio para la mayoría de los sitios es la manera en que uno encuentra las soluciones a los problemas. A menudo es una persona o un pequeño grupo de personas que salen con soluciones y problemas.

Muchas veces un doctor, o un gerente, en una práctica decide cómo se harán las cosas. Los doctores realmente no quieren ser molestados; sólo quieren trabajar con los pacientes y que les paguen.

Si quieres hacer mejoras significativas entonces tienes que creer que los equipos pueden resolver los problemas mejor que una persona y que todo el mundo en el personal puede contribuir con soluciones a los problemas.

No estoy diciendo que todo el personal debería estar involucrado en toda oportunidad de mejora.

En su lugar, una amplia representación del personal debería ayudar a resolver los problemas; una parte representativa de cada área afectada por un proceso debería estar involucrada.

Podrías tener que involucrar a algunos que no parezcan estar involucrado en el proceso que estés mejorando. Podrían tener una idea que incluya su participación y que mejore el proceso.

La actitud clave para esta área de planificación es que la mayoría de los problemas pueden resolverse al recurrir a la experiencia, innovación y conocimiento de los empleados.

El cumplimiento de la adopción por parte de los equipos para resolver problemas es un cambio en el estilo de liderazgo. En vez de ser una persona dictando los cambios, el líder en Lean tiene que ser capaz de guiar efectivamente a los grupos.

Un líder de un grupo que resuelve problemas tiene que ser capaz de obtener respuestas de parte de todos los miembros del equipo, hacer que los miembros del grupo trabajen juntos de manera efectiva, y dar cierre en el momento apropiado.

El líder del grupo de trabajo no tiene que ser la misma persona todo el tiempo; sin embargo, una vez que el grupo es formado, debería continuar teniendo el mismo líder para la solución del problema. Si otro grupo se forma para un problema diferente, entonces está bien que tenga un líder nuevo.

Al igual que el proceso de crear soluciones para los problemas de calidad o de los procesos requerirá de cambios significativos para muchos sitios de salud, la implementación requerirá cambios también.

Supón que has creado un plan para un proceso nuevo que piensas que mejorará en gran medida algunos resultados y eliminará algunos desperdicios en tu sitio.

Quizás, por ejemplo, has hallado una nueva forma de transferir los pacientes de un ala al otra en un hospital. ¿Cuáles son algunas de las cosas que tienes que hacer para llevar a cabo el plan de manera efectiva?

Tienes que asegurarte de que todo el que esté involucrado en el plan entienda el nuevo proceso y esté cómodo con él. Los participantes en el nuevo proceso no deberían solamente entender su parte, sino también el papel que jugarán los demás.

Una vez que los participantes estén informados de manera apropiada, las herramientas para el nuevo proceso tienen que ponerse en su lugar. Por ejemplo, una nueva lista de verificación para la transferencia de clientes podría tener que imprimirse y ser distribuida. Una vez que el entrenamiento y los suministros estén en su lugar, se tiene que designar un tiempo de inicio.

Al igual que un nuevo estilo de liderazgo es necesario para el liderazgo del equipo y el desarrollo de soluciones a problemas de procesos de asistencia médica, se requiere un nuevo enfoque para la implementación de la solución.

El líder responsable de realizar la implementación tiene que estar consciente de que ésta se ve afectada en gran medida por aquellos que participan; muy a menudo, cuándo los líderes no confían en sus equipos, las fallas de implementación se transforman en un juego de acusaciones.

Un líder que trabaje bien con los equipos verá que una enfermera en nuestro problema de transferencia podría tener una idea sobre la manera correcta de usar la lista de verificación desarrollada en el proceso, mientras que un médico que también hace uso de la lista tiene un punto de vista ligeramente distinto.

El punto es que el líder de la implementación tiene que estar consciente de que puesto que hay una gran cantidad de personas involucradas, el inicio de la solución podría darse de manera distinta a la planeada. Un buen líder monitoreará de cerca la situación y solucionará los bugs.

Un líder también tendrá cuidado con aquellos que quieren interrumpir el proceso debido a un sentimiento de pérdida de poder o influencia.

Para asegurar que el despliegue exitoso de un nuevo proceso continúe y que más personas acepten su efectividad, alguien tendrá que recolectar datos que muestren resultados clínicos positivos, visiones positivas de los que están involucrados en el proceso y la eliminación de desperdicio (ingreso mejorado).

La documentación de los resultados aseguró la continuación del nuevo enfoque y también señaló hacia nuevas vías de mejora.

Por ende, es imperativo que definas las medidas para monitorear los resultados de un proceso nuevo y que encuentres maneras de mejorarlo. La demostración de resultados positivos también solidificará el compromiso de los que están involucrados y convertirá a aquellos que pudiesen estar reacios a unirse.

Por supuesto, puede ser que los datos demuestren que el nuevo proceso es peor. ¿Raramente será este el caso? En este punto, puedes pensar que la mejora continua de la calidad (PDSA para algunos) es bastante difícil y no vale la pena.

Las nuevas formas de trabajar en equipo, los nuevos estilos de liderazgo, las complicaciones al implementar nuevos procesos y mantener los cambios no parecen valer la pena. La inercia que debes superar para tener éxito es como decirle un paciente recientemente diagnosticado con hipertensión que cambie su estilo de vida.

Algunos cambiarán de inmediato; algunos cambiarán gradualmente y algunos no cambiarán y terminarán desarrollando más complicaciones. Al igual que aquellos que tienen éxito lidiando con su hipertensión, encontrarás que este nuevo enfoque para resolver problemas en el ámbito del cuidado de la salud vale bastante la pena. Los datos lo demostrarán.

CAPÍTULO 6

EL EMPRENDEDOR FRUGAL

Empezar tu propia empresa puede traer muchas recompensas y oportunidades. Desafortunadamente para la mayoría de nosotros, estas no caen en nuestro regazo. A menudo, hay muchos retos que tenemos que superar a lo largo del camino. Uno de los retos más probables que los empresarios y emprendedores encontrarán es el financiamiento.

El financiamiento será seguido subsecuentemente por la necesidad de generar un flujo positivo de dinero, la esperanza de la empresa. Por lo tanto, el éxito de un empresario está definido por su capacidad para convertir o aprovechar efectivamente las habilidades y recursos disponibles en algo más. Pero ya sabías esto.

El componente del financiamiento o recursos generalmente se correlaciona con la escala de la empresa. Por lo tanto, cuanto más grande sea la empresa, más recursos y habilidades se necesitan. Todo esto es bastante básico y sencillo de entender. Sin embargo, hay un aspecto de la ubicación de los recursos que generalmente es omitido. La frugalidad.

De hecho, la frugalidad tiene sentido. Esto es especialmente cierto para las startups. La frugalidad es particularmente importante al inicio pero debería mantenerse a lo largo de la vida de la empresa. Piénsalo. Cuando sea posible, ¿por qué no escoger el garaje de tu hogar antes que el espacio de la oficina, una podadora de césped sencilla en vez de una podadora montable o una PC antigua vs una Mac nueva? Todas estas se transforman en grandes ahorros.

Las implicaciones de ser frugal son muchas. Entre estas, tienes la habilidad de: empezar tu gran idea de una vez, incrementar los márgenes, reducir los costos y por supuesto, recibir dinero más rápido.

El flujo de dinero puede ser una garantía psicológicamente alentadora de éxito. Es la luz al final del túnel. También, como mencionamos anteriormente, es el sostén de tu empresa.

Implementar nuevas y sencillas tecnologías disponibles puede traducirse en grandes ahorros. Considera Skype para las llamadas a larga distancia.

Quizás el freeware tal como Google o ZOHO pueden sustituir los costosos softwares tradicionales de oficina. Dependiendo de lo que hagas, hay muchas otras maneras en que las nuevas tecnologías pueden ayudarte a volverte más lean. Son fáciles de encontrar y adoptar. Todos sabemos que el cambio es inevitable. ¿Por qué no aceptarlo?

Ser frugal va más allá de "ahorrarse sujetapapeles". En su lugar, involucra el cambio entero del estatus quo. Ser frugal se trata de actuar ante la importante pregunta : ¿Cómo podemos cambiar de manera que realmente produzca una diferencia sostenible? Es la reforma completa de la empresa. Un ejemplo fácil es eliminar la actitud de "ese no es mi trabajo".

El entrenamiento multidisciplinario de los empleados puede ser extremadamente efectivo para lograr este cambio de comportamiento. No es inusual que los individuos en pequeñas organizaciones jueguen varios papeles. Esto es significativo para la mayoría de empresas pequeñas y es especialmente importante para las start-ups jóvenes.

La frugalidad no es una idea nueva para ti. Desafortunadamente, es una práctica poco usada y meramente olvidada. La idea es recordarnos cuán sabio es hacer más con menos.

CAPÍTULO 7

UN PELDAÑO IMPORTANTE PARA UNA LEAN STARTUP

Creo que simplemente sabes cuando tienes una gran idea que muchos clientes amarían y por la que estarían felices de pagar- si tan sólo supieran que existe.

Este capítulo hará la vida más fácil para los desarrolladores en las etapas tempranas del producto y las start-ups. Probablemente eres consciente de que nueve de diez productos no logran cumplir las expectativas.

Empecemos con el tipo de producto o solución en la que podrías trabajar. Hay dos tipos muy diferentes de desarrollo de productos introducidos por Peter Thiel en su libro "From Zero To One".

1.   "From Zero to One": Desarrollar soluciones dónde no las hay hoy en día. Un ejemplo de esto es "llevar electricidad sin cables"

2.   Si estás trabajando en tu primer producto, te recomiendo fuertemente considerar los desarrollos "From One to N".

Mientras nuestro mundo necesita más avances de "From Zero to One", a menos que tengas una gran cantidad de desarrollos exitosos, es poco probable que hagas crecer las finanzas, atraigas a los co-creadores y la buena voluntad necesaria para asumir exitosamente el gran reto de la conducta de consumo, lo cual es necesario para que tu solución sea un éxito.

Si te preocupa irte por el desarrollo "One to N", no te beneficiarás de la "First Mover Adventage" (abreviada como FMA, se refiere a la ventaja de no tener competencia al ser el primero en incursionar en el mercado), así que considera lo siguiente: "¿Qué tienen en común Apple, Toyota y Google?" Además de ser empresas masivas a nivel mundial, son "Fast Followers."

Han concluido que ser un pionero trayendo nuevos conceptos al mercado con la esperanza de aprovecharse de la FMA casi nuca es una buena idea. Los pioneros arriesgan la definición tradicional; son fácilmente reconocidos por las flechas en su espalda.

Es mucho más seguro brindar una opción viable a largo plazo para encontrar algo que puedas mejorar y hacerlo tuyo por lo tanto.

Una de las recomendaciones más comunes para las personas que están empezando es "Debes conocer a tu Cliente Ideal y cuáles son sus hábitos de compra."

Esto no es totalmente correcto.

La realidad es que cuando inicias una nueva idea, tu Cliente Ideal es cualquiera que quiera pagar por ella.

La respuesta a "¿Quién es tu Cliente Ideal?" nunca puede conocerse de antemano. Sólo obtendrás el conocimiento una vez que los clientes hayan comprado tu solución y puedas preguntarles por qué la compraron.

Entonces, ¿Cómo minimizas los riegos de desperdiciar tus recursos persiguiendo sueños en lugar de oportunidades reales?

- Haz que tu visión y concepto sean fáciles de explicar
- Maximiza la probabilidad de que desarrolles una solución ganadora
- Evita cometer errores obvios
- Atrae a los co-creadores
- Atrae el financiamiento
- Atrae Empresas Conjuntas
- Mantén tu proyecto por el buen camino y
- Brinda actualizaciones continuas a los accionistas

CAPÍTULO 8

LEAN SIX SIGMA REDUCE LOS COSTOS PARA EMPRESAS STARTUP

El propósito de cualquier startup es restaurar o reclamar los gastos capitales. Uno pudiera esperar alguna ganancia una vez que se ha entrado al mercado, pero, ¿cuáles son las consecuencias de gastar de manera excesiva durante los dos primeros años de tu empresa (bien sea nueva o revitalizada)?

Lean Six Sigma nos diría que comparáramos los costos con los beneficios en múltiples escenarios. La información básica es reducir el desperdicio y minimizar la medición una vez que tus metas han sido establecidas y logradas.

Algunas empresas analizan en exceso todos los datos en cada categoría cuando en realidad sólo hay algunos datos clave que importan para guiar a tu empresa.

Las startups reciben una y otra vez capital fresco que ha sido difícil de ganar, sólo para ser desperdiciado antes de que la empresa tenga oportunidad de llegar a su potencial pleno.

Averigua lo que es importante y apégate a ello.

INTRANET VS INTERNET- CONOCE DÓNDE AHORRAR

La mayoría están familiarizados con el internet, es dónde se encuentran cosas como Google y Facebook y se tiene acceso a ellas por el libre mercado. Tus clientes e inclusive tus empleados están familiarizados con el uso de la internet a diario. Una intranet es algo a lo que tus clientes no pueden acceder (en la mayoría de los casos).

La intranet es dónde tu guardas (o puedes guardar) los documentos internos de tu compañía y su base de datos. Muchos Gestores de Proyectos confían en recursos de intranet para colaborar de manera eficiente.

Ahora que las definiciones han sido establecidas, piensa en las siguientes preguntas:

- ¿Qué ven mis clientes, el internet o la porción de intranet de mi empresa?

- ¿Cuánto cuesta mi intranet en comparación con mi internet?

- Cuando se descomponen los datos, a menudo puedes encontrar que el costo de mantener una intranet usada por la compañía y un sitio web de internet para los clientes es casi el mismo.

- ¿Por qué gastar tanto en tu intranet local como en tu sitio web externo de internet?

La respuesta es simple, no lo deberías hacer. La verdad es que la mayoría de las compañías lo hacen. Una manera sencilla de reducir los costos de manera instantánea es reducir el glamour de tu sistema de intranet para los empleados. Imagina que los scripts, bases de conocimiento, las comunicaciones internas y el entrenamiento para los empleados estén en una plataforma universal... por 1/5 del costo.

Algunas compañías pagan $1 millón o más por la última herramienta de servicio al cliente que requiere cerca de un año para ser implementada en la compañía, con las incontables horas pasadas en entrenar y reestructurar la aplicación para que cumpla tus necesidades específicas, cando en realidad, podrían evitar el debacle entero.

EL PAPEL DE LOS RECURSHOS HUMANOS EN LAS STARTUPS

¿La función de Recursos Humanos (RH) tiene un papel en las start-ups? Vamos a darle un vistazo al modo de manejar los RH en las start-ups actualmente. Las startups, por necesidad, son lean con una estructura plana. Una startup consiste, en su mayoría, de uno o varios fundadores y su equipo central.

Sin lazos entre los papeles y siendo la mezcla un fenómeno común, el concepto de estructuras, funciones y políticas puede no existir.

Imagina que quieres establecer tu propia startup. Necesitarás que la gente correcta sea capaz de cumplir tu extenso plan empresarial y tus proyecciones notables de crecimiento.

Una compañía debería limitar su crecimiento en base a su capacidad para atraer suficientes personas indicadas. Bien sea que tu crecimiento defina el tipo de personas que deberías tener o las personas que tienes, tendrás que limitar tu crecimiento. Encontrarás que el mejor talento está disponible sólo en las empresas tradicionales y es bastante caro para los que tengan un presupuesto limitado, dice James C Collins.

Mira la experiencia de reclutamiento de otras startups. Las grandes empresas han sido compradas por start-ups desconocidas. Entre las razones que la mayoría de las start-ups tuvieron para ir por estos gigantes es la experticia en procesos y la credibilidad que traen con ellas.

Atraer líderes de otras organizaciones no es nada nuevo. Sin embargo, no deberías cometer el error de juntar un grupo de nombres conocidos sin maneras de que añadan valor a tu startup.

El talento traído debería ser capaz de desempeñarse y contribuir en el ambiente de la startup. Tener directores de alto nivel es un factor crítico para tu éxito y el mayor reto que enfrentarás.

La impresión que tenga un nuevo recluta de tu organización es dada en la etapa de incorporación e inducción. Cuando pagas grandes sumas para atraer a las personas a tu startup, quieres asegurarte de que el nuevo recluta tome consciencia precisa de la cultura de la compañía.

¿Qué mejor persona para tomar esta responsabilidad que tú o uno de tus cofundadores? Esta es la práctica adoptada por Anand Jain, Fundadora de Clever Tap; no tenemos una persona tradicional de RH.

Si bien son como una familia y son lean, sería una buena idea presentarle personalmente al nuevo recluta al resto de los miembros y mostrarle cómo hacer el trabajo. Haz un gran evento de la incorporación.

Simplilearn reconoce que se requieren de treinta días para que la mayoría de los empleados se adapten al ecosistema.

Con su política de "free look", los contratados tienen treinta días para comprender y familiarizarse con la compañía. Durante este período crucial adquieren una visión de la cultura de trabajo de la compañía y las demandas de una startup.

Debes asegurarte de que la estrategia de incorporación sea uno de los diferenciadores en tu proceso de reclutamiento y retención.

Un factor pasado por alto a menudo, aunque bastante significativo en RH para mejorar la retención, son las relaciones de los empleados. No puedes permitirte como emprendedor perder recursos humanos luego de invertir en esa persona.

Tienes que desarrollar estrategias para evitar el desgaste y pasar la responsabilidad a los supervisores para asegúrate de que se tomen las medidas adecuadas para mantener a las personas felices y contentas.

Se deben tomar medidas efectivas para abordar las quejas y eliminar el descontento. ¿Puedes pensar en un esquema excepcional que quieras implementar? Bueno, tendrás que pensar tanto desde dentro como fuera de la caja al igual que lo han hecho muchas startups.

LISTA PARA EL INICIO DE UNA EMPRESA

Prepararse para iniciar tu propia empresa puede ser uno de los momentos más emocionantes de tu vida. Para muchos, el inicio de una empresa es la culminación de muchos años de arduo trabajo y dedicación finalmente transformando un sueño en un escenario real. Antes de que inicies tu propia empresa, sin embargo, hay una cantidad de factores que deberían considerarse para asegurar que vayas por el camino correcto.

Aquí hay una lista para el inicio de una empresa que debería cumplirse antes de que inicies el proceso:

A.   ¿Qué vas a hacer?: el primer paso para el inicio de una empresa es tener una empresa en mente. Esto puede sonar tonto, pero te sorprenderías de cuántas personas renuncian a sus trabajos con la intención de iniciar su propia empresa sólo para ver que no tienen idea de qué empresa va a ser.

Antes de que conquistes el mundo, debes pensar en cómo vas a hacerlo.

B. ¿Dónde correrán tus operaciones?: ¿Tu empresa startup va a ser una empresa casera o necesitarás usar un espacio de oficinas o un almacén? Puedes ser capaz de empezar en tu casa primero y luego mudarte a una oficina, pero deberías saber eso y tener un plan antes de que empieces.

C. ¿Necesitarás ayuda?: ¿Puedes hacer funcionar tu startup tú solo o necesitarás empleados? Si necesitas empleados, ¿cuántos necesitas y cuánto vas a pagarles?

D. ¿Tienes todos los requisitos?: Muchas veces se necesitan licencias para que una empresa pueda empezar. Puede que necesites licencias tales como una licencia ocupacional o una licencia de certificación. Todo depende de lo que vayas a hacer para tu empresa, pero definitivamente tienes que averiguar de antemano lo que necesitas para hacer que tu empresa sea legítima.

E.   ¿Tienes todos los suministros?: Esto va más allá del lápiz y el papel. Puede que necesites una computadora, un escritorio, una silla, una impresora, un scanner, y la lista continúa. Asegúrate de tener todo lo que necesites antes de tiempo de modo que no te encuentren fuera de guardia una vez que tu empresa empiece a funcionar.

F.   ¿Tienes un buffer?: es raro que una startup haga dinero desde el inicio. Con eso dicho, tienes que saber si tienes un buffer de dinero que te permita superar las primeras semanas o los primeros meses de tiempos difíciles. Lo que no quieres es subestimar este buffer. Si piensas que tienes suficiente para sostenerte por tres meses cuando en realidad sólo durará para tres semanas, podrías verte apretado y tendrás que renunciar a tu empresa antes de que tenga siquiera la oportunidad de despegar.

Estar preparado siempre paga, y eso es especialmente cierto para las empresas. Iniciar tu empresa startup sin ningún obstáculo te dará una gran posibilidad de hacer que tu empresa sea un éxito rotundo.

LISTA DE CONTRATACIÓN PARA UNA STARTUP

Antes de que añadas un nuevo empleado a tu startup, deberías revisar esta lista para asegurarte de que realmente necesitas otra persona (y de que realmente puedes pagarle).

No tomes la decisión de contratar de manera apresurada. Incluso alguien a quien le pagues salario mínimo tiene el potencial de poner presión sobre tu startup. Vamos a darle un vistazo a los elementos de una lista de contratación que toda startup debería consultar antes de que se publique un anuncio de trabajo.

1. Encuentra a alguien con experiencia en startups.

Una startup es una situación única que requiere de un cierto tipo de individuo. Considerando el estado de la economía, es probable que recibas un gran ingreso de currículos cuando abras. Da preferencia a aquellos que tengan experiencia en startups. Las pequeñas compañías tienen éxito cuando le dan empleo a personas que pueden trabajar de manera autónoma. Esto significa que deberías buscar a aquellos que puedan trabajar solos sin supervisión significativa. Busca a los que tengan iniciativa en lugar de los que han trabajado para grandes organizaciones con jerarquía y supervisión constante.

2.   Finanzas

A pesar de que puede sonar obvio, tu startup debería ser capaz de pagar el salario de un empleado nuevo así como el de otro gastos de una nueva contratación. Tu startup pudiera ofrecer beneficios de costos y otros beneficios para los cuales todos son elegibles. También hay un gasto por impucstos, tarifas de compensación del trabajador, costos de seguros y muchos más. Considera lo que le cuesta a un empleado tomarse unas vacaciones, tener tiempo personal y llamar para avisar que está enfermo. No olvides lo que te costará entrenarlo. No sólo requerirá de tiempo sino también del esfuerzo de otro empleado que podría estar usando su tiempo y energía en hacer algo más.

3.   ¿En verdad es necesaria otra persona?

Una vez que has determinado que puedes acceder a tener un empleado nuevo, tómate algo de tiempo para considerar si realmente es necesaria una adición. Consulta con tus gerentes y empleados para determinar si hay un solución más barata cómo trabajar horas extra o usar un freelancer local a tiempo parcial. Si has determinado que realmente necesitas de un empleado nuevo, úsalo en el área dónde sus esfuerzos más se necesiten. Saca lo mejor del nuevo empleado para las finanzas de tu compañía.

4. Recomendaciones

Pide siempre referencias a los candidatos. Más allá de este paso sencillo, deberías preguntarles a las personas de tu círculo social si conocen a alguien que pudiera ser el candidato perfecto para el inicio de tu startup. Pregúntale a tus colegas, amigos y otros en los que confíes si tienen en mente a alguien que puedan proponer. Es más sencillo poner tu fe en quienes confías que en extraños que responden a tu anuncio por Internet.

CAPÍTULO 9

MARKETING DE NICHO EN EMPRESAS STARTUPS

El marketing de nicho parece ser la tendencia en este momento con el crecimiento continuo de pequeñas empresas. Incontables cantidades de consejeros y consultores empresariales siguen alentando a los emprendedores a encontrar, investigar y desarrollar mercados de nicho como un medio para llevar su empresa a las ganancias y al éxito.

Siempre habrán porciones de cualquier mercado dado que serán ignoradas o rechazadas por compañías más grandes, o simplemente serán pasadas por alto por empresas pequeñas, haciéndolas propicias para ser tomadas por capitalistas expertos.

Pero los mercados de nichos son por definición mercados pequeños; subconjuntos de un área de mercado mayor. Como tales, incluso si pueden resultar ser rentables dependiendo del nicho, siempre tendrán menos potencial de ganancias que los segmentos más grandes del mercado. Entonces, ¿por qué no ir por el mercado grande?

Muy a menudo, pienso, los propietarios de pequeñas empresas caen en la trampa de pensar que su empresa es "pequeña". Debido a que sus orígenes pueden ser extremadamente humildes (en la mesa de la cocina, el garaje, el sótano, o el almacén de alguien), muchos emprendedores son cautivados por su ambiente en lugar de por su "visión".

Y debido a que piensan que son pequeños, los propietarios sienten que no pueden competir de manera efectiva en un mercado saturado o en un mercado dónde se enfrentan con competidores que los sobrepasan en gran medida.

Ese es un gran error. Muchas corporaciones grandes, y algunas de las compañías más rentables jamás creadas (Yahoo, Google, Amazon e eBay), han tenido los orígenes más modestos. Entonces, que los emprendedores limiten sus expectativas y el potencial futuro de su empresa en base a su circunstancia o posición presente no es algo muy listo.

No tengas miedo de entrar a un gran mercado simplemente porque es grande. El hecho de que sea grande es algo bueno. Significa que hay más oportunidades y potencial para más jugadores.

Y a pesar de que la cantidad y el tamaño de los competidores ciertamente serán mayores, eso no es necesariamente algo malo. Más competencia significa que alguien está haciendo dinero, por lo demás, nadie molestaría así que ya sabes que hay más potencial de ganancias. Y el involucramiento de compañías más grandes a menudo hace que su participación sea más alta.

Los grandes competidores tienen más recursos que, además, son mejores. Dichos recursos son llevados al mercado, sin embargo, no siempre son igual de "ágiles" que un competidor más pequeño.

A menudo son incapaces de responder rápidamente al interés del cliente o a los cambios del mercado. Si no me crees, echa un vistazo a lo que ha pasado en años recientes en la industria automotriz. Los "gigantes" eran muy lentos para cambiar y adaptarse para proveer lo que el mercado demandaba.

Como resultado, sufrieron grandes pérdidas y pusieron en peligro o perdieron su rango de premier en la jerarquía de la industria. Al ser comparadas con las grandes organizaciones, las pequeñas compañías tienen sus propias ventajas; menos burocracia, toma de decisiones más rápida, y finalmente menos riesgo de inversión. Es mucho más fácil para un competidor pequeño hacer un ajuste o pasar a algo que funcione en caso de que algo vaya mal.

NICHO DE MERCADO VS MERCADO DE NICHO

En lugar de intentar encontrar un mercado de nicho, puede ser más beneficioso usar tus recursos para encontrar tu nicho de mercado. No te concentres en el tamaño del mercado, concéntrate en tu lugar en el mercado. En lugar de enfocarte en un pequeño subconjunto del mercado que requiera de productos y servicios altamente especializados, considera segmentos más grandes del mercado que ofrezcan más variedad, flexibilidad y potencial de ganancias.

Encuentra un mercado en el que estés especialmente interesado o que conozcas bien. Cuando lo hagas, es posible que no estés solo.

Es probable que encuentres que hay muchos otros en el mercado que tienen intereses similares a los tuyos y están buscando productos o servicios relacionados a ese interés.

Recuerda, inclusive las grandes compañías no pueden atender a todos los clientes. Averigua en dónde puede encajar tu empresa en un área comercial más grande en la que hayan más oportunidades de crecimiento y de generar ganancias. Luego busca maneras de distinguir a tu empresa de tus competidores.

¿Tu empresa puede brindar un servicio más rápido o un producto de mejor calidad? ¿Puedes ofrecer un departamento de servicio al cliente en el que cada vez que los clientes llamen sean capaces de hablar con las mismas personas en lugar de que los pasen a un operador distinto cada vez que hagan contacto?

¿Puedes ofrecer "beneficios" que den valor añadido a los productos y servicios que le den a tus clientes una gran experiencia? Estas son las maneras en que puedes competir contra competidores más grandes y numerosos. Competir contra las multitudes o contra los gigantes puede tener lugar. Contra tal competencia te vuelves más inteligente, fuerte y mejor o no sobrevives.

CAPÍTULO 10

VOLVERSE UN EMPRENDEDOR

Volverse un emprendedor es increíblemente gratificante, pero tienes que estar preparado. La presión es inmensa, y la responsabilidad siempre será tuya.

Hay dos niveles de preparación:

1. Compromiso

2. Experiencia

1. COMPROMISO

El Compromiso es el deseo absoluto de ser un emprendedor, teniendo una misión apasionada que nadie, ni siquiera tu madre, puede quitarte de la cabeza. Sabes lo que quieres. Sabes que funcionará. Sabes que hay que hacerlo. Bill Gates tenía ese compromiso. ¿Cuántas personas conoces que se saldrían de Harvard? Ese tipo de motivación puede superar cualquier falta en el nivel #2.

2. **EXPERIENCIA**

La experiencia vale mucho. Crea confianza, un rastro de éxito en el que puedes confiar durante los tiempos difíciles. Saber que has estado al límite y aun así has tenido éxito hace que el enfoque al emprendimiento sea real.

No es el tipo de experiencia de decirle a otros qué hacer sin tener que ensuciarte las manos. Es el tipo de experiencia que llega al tener que ser responsable por los resultados cuando no tienes ayuda.

Cuando la tarea es tan desalentadora que absolutamente no tienes idea de cómo la completarás desde el inicio. Pero la enfrentas. Sabes que puedes hacerlo. Lo has hecho antes. Eso es experiencia.

Entonces, ¿cuándo deberías quedarte en tu trabajo corporativo? Cuando no tengas alguno de los ítems anteriores. Algunas personas creen que obtener un trabajo en una organización de emprendimiento les dará experiencia. Si ese es tu paso de transición entonces está bien, pero no es necesario. Puedes adquirir la experiencia que necesitas en tu trabajo corporativo.

Cuando tengas tanto experiencia como compromiso es momento de abordar la nave. No esperes. No lo pienses de más. Evitarás el arrepentimiento a futuro.

Hazte esta pregunta: ¿Qué es más riesgoso, depender de ti mismo o de algún supervisor tonto que dirija tu día? Una vez que lo sepas, atrévete a dar el salto de fe. Encontrarás que perder o ganar vale la pena.

CONCLUSIÓN

Como emprendedor depende de ti innovar con una solución. Esta debe ser una que, con suerte, el mercado no pudo concebir por sí mismo o no ha creado todavía. Si has reunido toda la información, la has examinado y analizado, entonces deberías estar en una mejor posición que la mayoría para pensar en una estrategia que funcione.

Ahora vienen las malas noticias: Con toda honestidad, tu primera solución podría no ser la que eventualmente lleves a cabo. Tendrás que probarla de nuevo para asegurarte de que funcione como habías previsto. Si no funciona, tendrás que regresar e intentarlo de nuevo. Y luego probarla... y así sucesivamente...

Por su puesto, tienes que estar consciente de la competencia y de lo que están produciendo y de si es diferente de tu idea o si es la misma. La competencia es cualquier producto o servicio que resuelva el mismo problema inclusive si lo hace de un modo totalmente distinto. Esto incluye soluciones hechas por el mismo mercado. Tu brillante solución tiene que ser mucho mejor y significativamente diferente para hacerte resaltar entre el resto de los competidores. En otras palabras, tienes que ofrecer una solución que nadie más tenga.

Para lograr esto tendrás que experimentar distintas iteraciones del producto por medio del feedback continuo del mercado. Cuando esto ocurre, el desarrollo del cliente ocurre al mismo tiempo que el desarrollo del producto.

Afortunadamente esto es algo bastante bueno. Muchos de los primeros en adoptar tu producto querrán ser parte del proceso de desarrollo futuro- después de todo, esencialmente es su producto. El meollo del asunto es que tienes que innovar constantemente, analizar tu mercado, cambiar, mejorar e inclusive partir en una dirección totalmente diferente a veces.

Siempre hay otro problema doloroso justo a la vuelta de la esquina- de hecho, tu producto podría crear algunos. Siempre se tiene que hacer otra ronda de entrevistas. Cada vez hay más soluciones que son más ingeniosas. El mercado raramente se queda contento incluso si tu producto es la solución más perfecta del mundo.

www.ingramcontent.com/pod-product-compliance
Lightning Source LLC
Chambersburg PA
CBHW052335220526
45472CB00001B/440